REGLES

DES GENRES

COMPRISES EN 36. VERS LATINS.

ACCOMPAGNEES DE PETITS colloques familiers, où les noms exceptés (à la reserue de quelques-vns qui ne sont point en vsage) sont mis, & comme enchassés pour les mieux retenir, & acheminer les enfans à parler Latin.

Par I. MESLIER.

A PARIS,

Chez

Sebastien Fevgé, ruë des Amandiers, prés le College des Grassins.

Iean Hanoqve, ruë sainct Iacques, prés sainct Yues.

ET

François Pellican, ruë S. Iacques, prés le College des PP. Iesuites.

M. DC. LI.

AVEC PERMISSION.

A MONSIEVR
DE GVENEGAVD,

ESTVDIANT

AV COLLEGE ROYAL

DE NAVARRE.

ONSIEVR,

Bien que ces Dialogues ayent esté conçeus auant que i'eusse le bon-heur de vous cognoistre, Ie puis dire neant-moins qu'ils n'auroient pas encor veu le iour sans le desir que vostre bon naturel m'a inspiré de vous seruir. Ce n'est pas que ie les estime maintenant necessaires pour vous qui estes plus aduancé: I'ay creu seulement vous offrir comme vn ab-bregé qui peut auec vne methode agreable, vous faire res-souuenir des choses que vous auez autresfois apprises. Que si ce petit ouurage est assez heureux pour apporter du sou-lagement à ceux qui sont encor dans les principes, & leur

á

donner quelque facilité dans l'vsage de la langue Latine,
vous y aurez voſtre part , & aurez commencé de bonne
heure à vous rendre vtile aux autres. Dieu ſans doute vous
deſtine à cette noble fin, puiſqu'auec pluſieurs aduantages il
vous a donné vn Pere, de qui la Vertu vous ſert d'exemple, & les grands ſoins qu'il a de voſtre education, d'vn
puiſſant motif pour vous porter à ce qu'il aime, & qu'il
deſire de voir en vous, ie veux dire la cognoiſſance & ac-
quiſition parfaicte des vrays biens. Ie m'aſſeure que c'eſt
voſtre deſſein, & que vous continuerez d'vſer ſagement des
dons que Dieu vous a faits. Ainſi vous attirerez ſur vous
les benedictions du Ciel, qui feront touſiours fleurir vos
eſtudes, & rendront toute voſtre vie heureuſe, & telle que
vous la ſouhaite,

MONSIEVR,

Voſtre tres-humble & tres-
affectionné ſeruiteur,
I. MESLIER.

PREFACE.

DESPAVTERE n'ayant voulu rien ou-
blier dans le Traicté qu'il a fait des Genres,
y a inseré quantité de noms qui n'estant pas
dans l'vsage commun de la langue, & pluftoft bar-
bares que Latins, ne peuuent feruir qu'à embaraffer
l'efprit des enfans qui commencent la longue carriere de leurs eftudes. C'eft pourquoy Dieu m'ayant
toufiours donné vne tendre inclination pour con-
tribuer au bien de la Ieuneffe, i'ay pensé que ie ne
ferois pas chofe inutile, fi ie trauaillois à abbreger
ces longueurs fuperfluës, en reftant affez d'autres
neceffaires. Ce que i'ay tafché de faire, reduifant en
trente fix vers Latins, tant les regles generales des
Genres, que toutes les exceptions des Noms qui ont
quelque vfage dans la Langue, foulagement ce me
femble affez confiderable en comparaifon de la mul-
titude de ceux du Defpautere. Et afin de faire mieux
goufter aux enfans ces Exceptions, ie les ay comme
affaifonnées de petites formules & dialogues, don-
nant à chacun nom excepté fon epithete particu-
lier pour en faire cognoiftre encor plus fenfiblement
le genre, quoy qu'il foit nettement exprimé dans les

regles. Ces dialogues estant composés d'vne demande & de la response, ie n'ay pas iugé à propos de mettre la demande en Latin, pour ne pas donner trop de charge du commencement, mais seulement la response, dans laquelle se trouue tousiours inseré le Nom excepté, qui est le sujet de ce petit ouurage.

Ce qui m'a encor induit à entreprendre ce petit trauail, a esté que Despautere n'a point esté si exact, qu'il n'ait laissé passer plusieurs noms sous vn faux genre, comme par exemple *suber*, qu'il dit estre masculin & neutre, quoy que constamment il ne soit que neutre ; comme aussi *pinus* & *cupressus*, qu'il dit estre communs, qui pourtant ne sont que feminins, & ainsi de tout plein d'autres. En tous lesquels i'ay tasché d'apporter vn tel soin, que les enfans pourront suiure asseurément ce que i'en donne. Leur consacrant ma peine, i'espere la consacrer à la gloire de Dieu, puis qu'il est dit, *Ex ore infantium & lactentium perfecisti laudem.*

O M I S S V M.

Humus, humi, hæc terre,	Il est acariastre, il le faut reduire, pour en faire quelquechose de bon.	Ita est, subigenda enim humus cui mandes semina.	Vous auez raison, auant que semer il faut bien labourer & herser la terre.

E R R A T V M.

Pag. 16. arietis, corrige, arietis.

GENERA.

1. *REGVLA GENERALIS.*

EST Homo masculei. Seu Femina feminei. Hoc Vm.
Hæc Regio, Vrbs, Arbor. Plurale i mas sit. A neutri.

EXCEPTIO.

Hoc acer, & suber, thus, robur. Sed rubus, hic hæc.

2. *REGVLA GENERALIS.*

MAs sit O. or nis er os : Vs quartæ, siue secundæ :
X dissyllabicis.

EXCEPTIO.

Pondo hoc. Hæc caro, Et arbor. At hoc cor, marmor & æquor.
Hoc vber, ver, tuber, iter, verberque, cadauer.
Hæc linter. Fructus terræ hoc. Melos hoc, chaos, os, os.
Hæc cos, dos. Hæc vannus, humus, ficus, colus, idus,
Porticus, aluus, acus, manus, ac tribus, & domus. Hic hoc
Vulgus. Hic hæc specus, & penus. Hoc virus. pelagusque.
Dices hæc fornax, bombyx, forfex, velut halex,
Et radix, ceruix. Limax communis & imbrex.
Et cortex, pumex.

A

3. *REGVLA GENERALIS.*

H*Æc A do go : as es is : x iō : S ſi conſona præ ſit.*

EXCEPTIO.

Hic hæc talpa & dama. Hoc paſcha & manna. Planeta hic,
Atque cometa.
Ordo, cardo, ligo hic. Margo hic hæc. Faſque, nefaſque hoc,
Et vas. Hic adamas, elephas, as. Meridies hic,
Pes, aries, paries, palmes, cum limite ſtipes,
Et fomes, trames, magnes, cum gurgite ceſpes,
Et verres, tudes, atque tapes, cum poplite lebes,
Pluralique dies. Vepres commune, dieſque
Non plurali. hoc æs. Hic vomis, piſcis, & axis,
Glis, callis, vermis, ſemiſsis, & anguis, & orbis,
Et torquis, vectis, poſtis, cum ſanguine faſcis,
Et fuſtis, menſis, collis, caulis quoque follis,
Et caſsis, torris, ſentis, ſic pollis, & enſis,
Sic Delphis, cucumis, lapis, vnguis, aqualis, Aprilis,
Puluis. At hic aut hæc finis, cum clune, canalis.
Hic grex. Calx hic & hæc pedis. Hic dens, monſque, rudens, fons,
Ponſque, chalybs, quadrans. Serpens communis, adeps, ſcrobs.

4. *REGVLA GENERALIS.*

NEVTRVM Vs, a ternæ. D l u c t: en i c: ur ar.

EXCEPTIO.

Hic sol, hæc halec. Nimius sal, vel nimium sal.
Hic turtur, vultur, furfur, pectenque, lien, ren.
Grus misera, immundique sues, & amica luto sus.
Hæc virtus, tellusque, salusque, palusque, pecusque.
Deque senex iuuenis cum seruio nomina, & incus.
Hic lepus atque tripus seu mus. Laus femineum & fraus.

SVMMA SYNTAXEOS.

1. Currit equus.   *Verbi persona est   Nominatiui.*
2. Charta Petri.   *Domini persona esto Genitiui.*
3. Crede Deo.   *Persona cui vult esse Datiui.*
4. Calcat humū.   *Verbum actiuum regit Accusatiuum.*
5. Paule veni.   *Quē tu alloqueris facias Vocatiui.*
6. *Qua de re? qua in materiâ? cur? quomodo? quando?*
   Quo pretio? quo instrumento? dabis Ablatiuo.

APPENDIX.

7. *Quæ sunt res eadem, casu ponuntur eodem.*
   Albus equus. Roma vrbs. Ego sum socius. Vocor Aldus.

On peut voir l'explication ample de ces Regles sur la fin de ma Grammaire.

NOMS EXCEPTEZ

DEMANDE.

Acer, áceris, hoc, *erable.*	QVE dites - vous de mon Cabinet, n'est-il pas beau pour vn Cabinet d'erable ?
Suber, súberis, hoc, *liege.*	Mes souliers sont trop durs, & me blessent les pieds.
Thus, thuris, hoc. *encens. En signific. d'arbre on ne peut asseurer de quel genre il est.*	Les prieres que ie vois que vous faites, sont bien lasches, pour monter iusqu'au Ciel.
Robur, róboris, hoc. *chesne, force.*	Ie ne puis porter vn fardeau si pesant.
Rubus, rubi, hic, *ronce.*	Ie voudrois de bon cœur que toutes les verges fussent bruslées.
Rubus, rubi. hæc, *ronce.*	Ce passage là est fort espineux, & difficile, ie n'en sçaurois venir à bout.

NOMS EXCEPTEZ

Pondo indecl. hoc, *vne livre.*	I'ay veu de belles cerises au marché.
Caro, cárnis, hæc, *chair.*	Voyez vn peu que de galands, pour orner la teste de Madamoiselle.

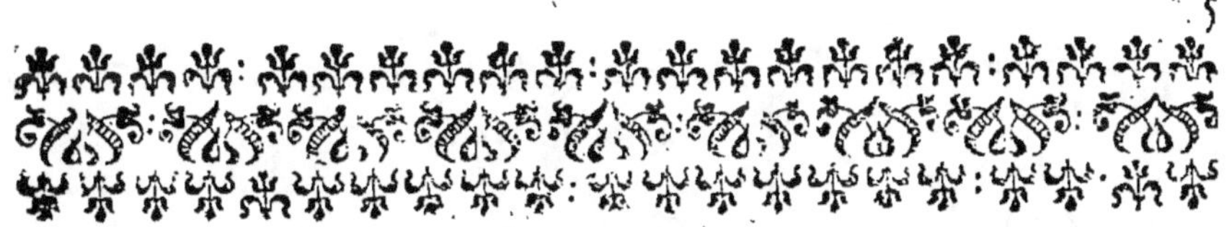

DE LA PREMIERE REGLE.

RESPONSE.

Quid ! vile acer sic superbit ?

Quoy ! du vil erable est deuenu si superbe & si magnifique?

Tibi igitur molli & delicato, molle suber interponendum.

Faites y donc mettre du liege qui soit mol & doüillet côme vous estes.

Corrector noster ! tuæ preces thus sacrum.

Monsieur nostre maistre ! les vostres sans doute sont vn encens sacré qui penetre les Cieux.

Vbi est robur tuum ?

Ou sont vos forces?

* sub
nequis-
sime. Quid ais omnium ! * Nónne tenellis plantis rubos circumdant asperos?

Que dites vous meschant? Ne met on pas des espines autour des ieunes plantes pour les conseruer?

Euge. Contorta rubus violas tegit, ex difficultatibus laus efflorescit.

Courage; parmy les ronces on trou-ue les violettes, & la gloire dans les difficultez.

DE LA II. REGLE.

Quanti veneunt singula pondo ?

Combien vend en la liure ?

En vt putidam carnem exornant !

Voila comme on pare vne vile carcasse.

B

Arbor, árboris, hæc. arbre.	Ne bougez de vostre place, vous vous re-muez incessamment.
Cor, cordis, hoc. le cœur.	Laissez-moy là, ie n'en feray rien quand ie deurois
Marmor, mármoris, hoc. marbre.	Allez, faites en sorte que vous luy imprimiez cela dans l'esprit.
Æquor, æquoris, hoc. la mer.	Ie suis encor à l'alphabet, ie ne fais que commencer.
Vber, úberis, hoc. mammelle.	Que fait-t'il là chez sa mere si long-temps?
Ver, veris, hoc; prin-temps.	Il a fort bien respondu, cette response monstre qu'il est sçauant.
Tuber, túberis, hoc. bosse.	Vous estes tombé, ne vous estes vous pas blessé?
Iter, itíneris, hoc; chemin.	Ie vay à Roüen. Adieu pour huict ou dix iours.
Verber, vérberis, hoc, foüet.	Ils commencent dés-ia à se quereller.
Cadáuer, cadáueris, hoc, corps mort.	Mais considerez ce jeune homme poudré, frisé, musqué comme vne Damoiselle.
Linter, lintris, hæc, bachot.	Quoy qu'il vous semble que ie badine, ie ne laisse pas pourtant d'escouter.
Piper, píperis, hoc, poiure.	Que vous semble de cette sauce?
Melos indecl, hoc; melodie,	Ou auez-vous esté à Vespres?

Arborém aliquam me putas, non hominem.	*Ie pense que vous me prenez pour vne souche.*
Age, age : virgæ domabunt cor tuum.	*La, la, les verges sçauront bien dompter vostre courage.*
Quasi dicas, incíde in marmor.	*C'est comme si vous me disiez : allez grauez sur du marbre.*
O puer! magnum æquor ingrederis.	*Pauure petit! vous voila embarqué pour vn long voyage.*
Quid illum censes? fugit vbera.	*Que croiez vous qu'il fasse? il tette.*
Vna hirundo non facit ver.	*Vne hirondelle ne fait pas le printemps.*
Tuber est in capite tantulum.	*Il y a vne petite bosse en ma teste*
Hoc iter bene & fœliciter tibi eueniat.	*Dieu vous donne bon voyage.*
A verbis venient modo ad verbera, sine dubio.	*Des paroles on vient bien-tost aux mains.*
Cadauer humo condendum sic insolescit!	*Faut-il qu'vn corps qui doit pourir vn iour dans terre, ait tant de vanité?*
Vt difficile est lintre tremulâ legere, sic corpore agitato mentem defigere.	*Comme on ne sçauroit bien lire dans vne barque flotante, aussi est-il bien difficile d'auoir l'esprit arresté dans vn corps remuant.*
Nimium est piper ; accendet sitim.	*Il y a trop de poiure, le feu se mettra à la cheminée.*
Ad Diuæ Mariæ : nouum & suaue melos, deliniit aures nostras.	*A Nostre-Dame, nous y auons oüy vne bonne musique.*

Chaos indecl· hoc. *confusion de toutes choses.*	*Vous auez veu son estude, en quel estat l'auez vous trouuée?*
Os, oris, hoc. *la bouche.*	*Il semble qu'il a esté chastié.*
Os, ossis, hoc. *vn os.*	*L'ambition des Grands fait bien du mal au monde: Et la misere des petits ne les touche gueres.*
Cos, cotis, hæc. *pierre à aiguiser.*	*Nostre maistre m'a donné aduis de choisir tousiours vn esprit pesant & tardif pour luy expliquer la leçon.*
Dos, dotis, hoc. *dot, douaire.*	*Vostre sœur se marie. I'ay ouy dire que vostre pere luy donnoit vn bon mariage.*
Vannus, vanni, hæc. *van.*	*Vous auez leu & releu vostre theme, c'est assés, il n'est pas besoin de tant rebattre la mesme chose.*
Ficus, ficus, hæc. *figue.*	*Quel bon fruict auez-vous en vostre Iardin.*
Colus, colus, & coli, hæc. *quenoüille.*	*Voiez vn peu ce Dameret auec vne espée à son costé, ô le vaillant soldat!*
Idus, iduum, idibus, hæ. *Ides.*	*Expliquez-moy vn petit ces Ides & ces Nones ie n'y entends rien.*
Porticus, porticus, hæc. *gallerie.*	*Ou irons nous repeter nos formules?*
Aluus, alui, hæc. *le ventre.*	*Vous aimez bien les pommes cuites.*
Acus, acus, hæc. *aiguille.*	*Examine-t'il les parties de son texte diligemment, ne laisse t'il rien passer?*

Est

Est chaos antiquum, promiscuè omnia.

C'est un vray chaos, tout y est pesle-mesle.

Vide os hominis.

Voyez la mine qu'il fait.

Sustineamus paululum, erunt & ipsi cineres & ossa.

Vn peu de patience, le iour viendra qu'ils seront cendres & os comme les autres.

Consilium apprime vtile. Nam tardum ad studia ingenium, duræ cotis instar obtinet.

C'est un tres-bon conseil, car vn esprit pesant fait le mesme effest qu'vne pierre à aiguiser.

Quam dotem ei dicat pater, nihil mea.

Mon pere luy donera tel mariage qu'il luy plaira, ie n'y ay que voir.

Diligens recensio opus limat, vt vannus succussa frumentum purgat.

En vannant le grain on en fait sortir la paille, en repassant sur son ouurage on le polit.

Ficus: sed multæ erumpunt, paucæ ad maturitatem perueniunt.

Des figues. Il en vient beaucoup, mais il y en a peu qui meurissent.

Colum politulam velim potiùs illi dari.

Vne quenciülle luy sieroit bien mieux qu'vne espée.

Sex Maïus Nonas, October, Iulius, & Mars. Quatuor at reliqui. Octonas dat quilibet Idus.

May, Octobre, Tuillet, Mars ont six iours qu'on appelle Nones. Les autres mois n'ẽ ont que 4 Et quãt aux Ides, chaque mois en a huict.

Confidamus in hac porticu: age i præ gallicè sequar latinè.

Asseions nous en cette allée cj, sus donc dites le François, ié diray le Latin.

Cient astrictam aluum.

Elles donnent le benefice du ventre.

Vel acum inueniret, tenuissimam.

Il trouueroit vne aiguille dans vne botte de foin, comme l'en dit, tant il est exact.

C

NOMS EXCEPTEZ

Manus, manus, hæc,
la main.

Faictes cela pour luy, il vous le reuaudra.

Tribus, tribus, hæc,
tribu.

*Allez ioüer arriere d'icy, vous m'impor-
tunez.*

Domus, domus, & domi, hæc.
maison.

*Ie vay tantost souper en ville auec mon
pere.*

Vulgus, vulgi, hoc,
la populace.

*Il n'a pas le cœur à l'estude, ce n'est que
par contrainte qu'il estudie.*

Vulgus, vulgi, hic,
la populace.

*I'entre dans vostre cabinet librement, chas-
sez moy si ie vous interromps.*

Specus, specus, hæc,
cauerne.

*Il est farouche & solitaire comme vne bi-
che aux bois.*

Specus, specus, hoc.
cauerne. specus est aussi masc.

Auez vous veu le lieu ou il demeure.

Penus, penus, hic.
garde manger, prouision.

A quel fin nous donne-on tant de formules?

Penus, penus, hæc.
garde manger, prouision.

I'ay proposé vne bonne question.

Virus, indecl, hoc,
poison.

*Allez ie ne iouë plus auec vous. Vous estes
vn fourbe.*

Pélagus, pélagi, hoc.
haute mer.

*Vostre theme est fort plat, il n'y a rien
d'elegant.*

Fornax, fornacis, hæc.
fournaise.

*Il verifie le prouerbe. Bas le bon il se cor-
rigera. Bas le meschant, il empirera.*

Illius causâ non manum verterim
meam: est omnium qui sunt, qui fuerunt
qui futuri sunt nequissimus.

Ie ne voudrois pas remuer le doigt pour luy, il est plus meschant qu'vn asne rouge.

Regnúmne hîc possides ? quia versaris
in tua tribu, ferox es.

Estes-vous icy vn Roy, parce que vous estes dans vostre quartier & comme sur vostre fumier, vous faittes le meschant,

Domi alienæ sapiendum vsquequáque,
fac memineris.

Il se faut comporter sagement en la maison d'autruy, souuenez vous en.

Hoc vulgus scholasticorum solet, na-
tum ad ignauiam.

Le commun des escoliers en est là logé, & n'aime que la faineantise.

Vulgum arceo importunum, tibi verò
animus & fores patent.

Ie me défaits tant que ie puis des importunitez de la racaille, mais pour vous le cœur & toutes les portes sont tousiours ouuertes.

Abdat se igitur in densas specus, si sic
est.

Qu'il s'en aille donc en vn desert dans vne grotte, puis qu'il est de cette humeur.

Est specus horrendum & cæcum.

C'est vn antre obscur & affreux.

Vt habeamus in penu nostro instru-
menta loquendi parata.

Afin que nous ayons les façons de parler toutes prestes.

At non è penu tuâ.

Oüy, mais qui ne venoit pas de vostre crû.

Age, age. Iræ tuæ totum virus éuome.

Là, là, deschargez vostre bile.

Lego ripam, altum pelagus relinquo
vobis eloquentiæ Antesignanis.

Pour moy, ie costoye les riues, & vous laisse singler en pleine mer, vous qui faites profession d'vne haute eloquence.

Nempe, vt fornax ignea probat aurum,
sic animaduersio acris arguit ingenium.

Il est vray, on cognoist le naturel d'vn garçon par le chastiemēt, comme on fait l'or par la coupelle.

Bombyx, bómbycis, hæc. *de la soye.* hic bombyx, *ver à soye.*

Vous auez là vn habit bien chetif.

Forfex, fórficis, hæc. *ciseaux.*

Que cherchez-vous ?

Halex, halécis, hæc. *haren.*

Ie vous laisse vos enfans de Dieppe, ie n'en sçaurois manger.

Radix, radícis, hæc. *racine.*

Il y en a qui sont infascinés d'opinions vulgaires, dont vous ne sçauriez iamais venir à bout.

Ceruix, ceruícis, hæc. *chinon du col.*

Quand vous voyez ces pauures porteurs de chaises suër & gemir sous le faix, qu'en pensez-vous ?

Limax, limácis. hic. *limaçon.*

Il n'est homme si chetif qui n'ait quelque grain de superbe.

Limax, limácis, hæc. *limaçon.*

Nous auons vne seruante fort negligente.

Imbrex, ímbricis, hic. *tuile creuse.*

D'où vient ce mot (imbrex festiere.)

Imbrex, ímbricis. hæc. *tuile creuse.*

N'allez point par les rües, il fait grand vent.

Cortex, córticis, hic. *écorce.*

Il couste beaucoup en habit.

Cortex, córticis, hæc. *écorce.*

Aymez-vous les oranges ?

Pumex, púmicis, hic. *Pierre-ponce,* raro femin.

Apres vne telle faute, voyez s'il en pleure, s'il en tesmoigne du regret, & en demande pardon.

Quia in tuis vestibus fulget bombyx exquisita, tibi sordent nostra.

Parce que vous voyez eclater la soye sur vos habits, vous mesprisez les autres.

Quæro meas forfices, literas obsignare paro.

Ie cherche mes ciseaux pour cacheter vne lettre.

Næ tu valde lautus homo es, qui nostras haleces fastidias.

Vrayement vous estes bien sompueux & delicat de mespriser ainsi nos harens.

Nimirum stultitiæ stirpes altæ, radicesque tenacissimæ.

Il ne s'en faut pas estonner, les racines de la folie sont tres-profondes, & tres-difficiles à arracher.

Quid mihi sit animi? boum ceruices non hominum, natas esse ad iugum.

Ce que i'en pense? ma pensée est que le col des bœufs est fait pour porter iougs, & non pas celuy des hommes.

Vel limax sordidus cornua tollit.

Il n'est pas iusqu'à vn limaçon qui ne leue les cornes.

Nostra est accurata cum legit herbas, haud facilè vlla limax eam fugiat.

Nostre seruante est exacte lors qu'elle espluche les herbes, vous n'auriez garde d'y trouuer vn limaçon.

Dictus est imbrex ab imbre, arcet enim imbrem.

Il tire son nom de pluye, car les festieres gardent de la pluye.

Rectè mones. Imbrices crebræ décidunt è tectis ac tegulæ.

Vous auez raison, force tuiles & festieres tombent des toits.

Quid agas? suus cortex deffendit arbores à frigore, nos nostræ vestes.

C'est vne necessité. Les arbres se deffendent du froid par leur écorce, & nous par les habits.

Cortex est amara nimis.

L'écorce est trop amere.

sub elicias. Citiùs aquam è pumice aridissimo. *

Vous tireriez aussi-tost de l'huile d'vn mur, comme dit le Prouerbe.

D

NOMS EXCEPTEZ

Talpa, talpæ, hic. *taupe.*	Noſtre maiſtre eſt dans ſon cabinet qui tra-uaille.
Talpa, talpæ, hæc. *taupe.*	Il a vn lourd eſprit, mais il eſt bien attentif en claſſe.
Dama, damæ, hic. *daim.*	Ie crains fort les chiens.
Dama, damæ, hæc. *daim.*	Mais qu'ont fait ces pauures Laboureurs, pour eſtre ſi cruellement traictés des ſoldats?
Paſcha, æ, &, atis, hoc, *Paſques.*	Ils ne ſe ſoucient guere de faire le Careſme. Ce ſont des Catholiques à gros grains.
Manna indecl. hoc. *manne.*	Il ſemble à vous voir que vous ayez bon appetit.
Planéta, planetæ, hic, *planete.*	Vous demandiez à ce faiſeur d'Almanachs pourquoy il eſtoit ſi pauure, que vous a-t'il dit?
Cométa, cometæ, hic. *comette.*	Il eſt en cholere. Voyez vn peu comme il nous regarde de trauers.
Ordo, órdinis, hic, *ordre.*	Ie ne trouue pas ce reglement bon de n'auoir qu'vn liure à eſtudier, la varieté plaiſt.
Cardo, cárdinis, hic, *gond.*	Noſtre maiſtre nous recommande fort l'o-beiſſance.

DE LA 3. REGLE.

Igitur suspenso pede ambulemus , vt qui talpas captant oleribus infestos.

Il faut donc marcher doucement & en preneurs de taupes, ce meschant animal qui ruine les Iardins.

Venit mihi in mentem talparum , quæ oculis captæ, acrem auditum sunt sortitæ.

Cela me fait souuenir des taupes, qui ne voient goute , mais ont l'ouye bonne en recompense.

Ego quoque. Cane viso, vt timidus dama fugio.

Et moy aussi. Si tost que ie voi vn chien, ie suis comme vn Daim.

Idem quod lepusculi, ac damæ miseræ, quas lupi dilacerant immanes.

Ce que les petits lieures, & les pauures Daims, qui sont tous les iours la proye des loups rauissants.

Sed nec isti agent Pascha nostrum, lætum & Angelicum.

Ils ne seront pas aussi Pasques comme nous, & ne sentiront pas la ioye spirituelle & angelique de cette grande feste.

Currendo famem obsonaui, quæ est alterum manna : continet enim perdices, rusticulas.

En courant i'ay gagné de l'appetit, qui est comme vne manne , ou l'on trouue des perdrix & des becasses.

Eo planetâ ac sidere natus sum (inquit) vt sim pauper, oculos ei libenter effoderem.

Ie suis né (m'a il dit) sous vne Planette & constellation qui me rend miserable, ie luy arracherou volontiers les yeux.

Oculus iste quasi Cometa dirus, nihil suaue præsagit.

Ce regard est comme vne triste Comette qui ne prognostique rien de bien.

Iste ordo non placet tibi , homini sapienti.

Vrayement vous estes vn Reuerend personnage , pour nous faire ici la leçon.

Meritò. In eo enim cardo officij totus vertitur.

Il a raison en cela gist tout le deuoir d'vn escolier.

Ligo, ligónis, hic, boyau.	Mon client eſtudie volontiers, il a touſiours la plume en main.
Margo, márginis, hic. marge.	Ce paſſage là eſt bien difficile, ie ne l'entends pas bien.
Margo, márginis, hæc. marge.	Voila comme ie décris mes formules, que vous en ſemble?
Fas indecl. hoc. choſe licite. Ne fas, choſe illicite.	Vn meſchant ſoldat auec vn mouſquet deuient en vn inſtant maiſtre de tous les biens du pauure Laboureur!
Vas, vaſis, hoc. vaiſſeau.	Nous auons acheué noſtre taſche, il ne nous reſte plus rien á faire.
Adamas, adamántis, hic, diamant.	Les plus riches bien ſouuent ſont ceux qui donnent moins l'aumoſne.
Elephas, elephántis, hic. vn elephant.	Laiſſez-moy vn peu penſer auant que reſpondre.
As, aſſis, hic. vn ſol.	Vrayement Socrates ſe vengea plaiſamment d'vn impudent qui luy auoit donné vn ſoufflet.
Merídies, meridiéi, hic. midy.	Quelle heure eſt-il? ne va-t'on pas bien-toſt diſner?
Pes, pedis, hic. pied.	I'ay vn compagnon qui eſt bon enfant, & bon eſtudiant.
Aries, ariétis, hic, belier.	Les mains luy demangent de fraper tantoſt l'vn, tantoſt l'autre.

Meus verò malit tractare durum ligonem, quàm calamum.	Et le mien aimeroit mieux beüer la terre que manier vne plume.
Appinge igitur crucem in aduersâ margine, consulemus Præceptorem.	Faites donc vne croix à la marge, nous le demanderons à nostre maistre.
Nullum facis marginem reliquum. Vitiosè.	Vous n'y laissez point de marge. cela n'est pas bien.
Fas & nefas omne peruertit bellum.	La guerre met tout en confusion. il semble alors que tout soit permis.
Colligite igitur vasa, & valete.	Pliez donc bagage, & vous en allez.
Durus est adamas, sed duriores sunt isti.	Ils ont le cœur plus dur qu'vn diamant.
Vah! tardus es, citius pariunt ipsi elephantes.	Que vous estes lent ? & vous estes vne heure à respondre!
Teneo, dato asse. Euge, (inquit) ditior dabit duos. Audit, ferit, luit : at egregiè.	Ie sçay l'histoire. Socrates luy nyant donné vn sol Courage, dit-il, vn plus riche t'en donnera deux. Ce sou le creut, & aussitost alla fraper vn gros richar qui le paya d'importance.
Animus tuus est in patinis, meridies nondum datus est.	Vous auez l'esprit dans les plats; il n'est pas encor midy sonné.
sub. dimo-tras. Ab eo igitur pedem tuum nunquam.	Soyez donc tousiours auec luy & ne le quittez point.
Sic solent arietes proterui.	Les beliers hargneux en font de mesme.

E

NOMS EXCEPTEZ

Paries, pariétis, hic, muraille.	Que faictes-vous apres midy ? où irez-vous ?
Palmes, pálmitis, hic, branche de vigne.	Il ne profite pas, il le faut renuoyer chés ses parens.
Limes, límitis, hic, barne.	Il fait beau. Allons promener.
Stipes, stípitis, hic, tronc d'arbre.	O qu'il est lourdaut !
Fomes, fómitis, hic, mesche.	I'irois volontiers à la Comedie.
Trames, trámitis, hic, sentier.	Ie trouue qu'il est difficile de ieusner tout le Caresme.
Magnes, magnétis, hic, aimant.	Aux riches, les biens viennent en dormant, l'eau va tousiours à la riuiere.
Gurges, gúrgitis, hic, gouffre.	Voila vn cabaret, ou on vend de bon vin.
Cespes, céspitis, hic, gazon.	Nous voila en pleine campagne, permis maintenant de iouër & courir.
Verres, verris, hic, verrat.	Ie m'estonne d'où vient ce mot de Verrat.
Tudes, túditis, hic, marteau.	A cause que ie contestois contre luy il m'a donné des coups de poings.
Tapes, tapétis, hic, tapis.	Ie vay escrire sur la table.

Nusquam. Continebo me intra priuatos parietes musæi.

Nulle part. Ie m'enfermeray dans mon estude, & n'en sortiray point.

Certè. Est palmes aridus, resecandus.

Il est vray. C'est comme vn seps de vigne sec & sterile, il le faut couper.

In me nihil est moræ, modò deambulationis modici sint limites.

I'en suis content pourueu que la promenade ne soit pas longue.

Nullum vidi stipitem magis stipitem.

Ien'ay iamais veu vn esprit plus lourd.

Apage. vitiorum fomes præsentissimus, cupiditas: fugienda cane peius & angue.

Gardez vous en bien. La cupidité est vne amorce au vice, qui prend bien-tost feu, il la faut fuïr comme le serpent.

De tramite legis diuinæ non tamen est discedendum quantumuis arduo.

Il ne faut point se departir du sentier des Commandments de Dieu, quelque rude & difficile qu'il soit.

Magnes immotus attrahit ferrum : diuites citra laborem, aurum.

L'aimant attire le fer sans se mouuoir, les riches l'or & l'argent sans se trauailler.

Oh tu nimium sapis ! nosti scilicet & istos gurgites vini, qui pecunias ibi deponunt & mentem.

Vous estes vn peu trop sçauant, vous cognoissez aussi sans doute ces enfans sans soucis, qui laissent au cabaret la bourse & l'esprit.

Cespitibus iaciendis pugnam instituarunt sunt molliculi, non lædent.

Batons-nous à coup de gazons, ils ne sont pas durs, nous ne sçaurions nous blesser.

Verres (opinor) dictus est quod verrat aream.

Il est appellé verrat, à mon aduis, parce qu'il balaye la grange (mangeant le grain.)

Hem ! faber habet tuditem ad tundendum, ille pugnos ad persuadendum !

Quoy ! il se sert de coups de poings pour persuader, comme l'artisan de marteau pour coigner.

Vide ne mundum tapetem macules.

Prenez garde à ne point salir le tapis qui est net.

Pop.es, póplitis, hic. *iarret.*	*Auez-vous veu la poſture indigne de ce Courtiſan dans l'Egliſe. En preſence de Dieu!*
Lebes, lebétis, hic. *chauderon.*	*Les pareſſeux ſont les derniers. On dit auſſi que le froid deſcend touſiours en bas.*
Vepres, vepris, hic. *buiſſon.*	*Ie veux achepter vn de ces vieux rudi-ments.*
Vepres, vepris, hæc. *buiſſon.*	*Vous dites que vous eſtes plus ſçauant que les Docteurs de l'Vniuerſité!*
Dies, diéi, hic. *iour.*	*Le iour de l'examen, quand i'y penſe me fait mourir.*
Dies, diéi, hæc. *iour. dies, au plur. eſt maſc.*	*Me ſuiuez-vous, & comprenez-vous bien ce que ie dis.*
Æs, æris, hoc. *airin.*	*Vous deuez vne liure de ceriſe à la fruictie-re, ie vay la payer. Vous me faictes plaiſir aſſez d'ailleurs.*
Vomis, vómeris, hic. *ſoc de charuë ; on dit pluſtoſt vomer.*	*Vous me comparez donc à vn Laboureur negligent qui ne tire pas ſes ſillons droits.*
Piſcis, piſcis, hic. *poiſſon.*	*Où me conſeillez-vous d'aller pour faire for-tune.*
Axis, axis, hic. *aeſſieu.*	*Pour vn petit coup de verges qu'il a eu, il crie comme ſi on l'auoit écorché.*
Glis, gliris, hic. *vn loir.*	*Auez vous bien dormy cette nuict?*
Callis, callis, hic. *chemin.*	*Vous ne voudriez point de caroſſes, dites-vous; ny le renard de meurs, mais pourquoy?*

Vidi & dolui. Pudebat videlicet hominem ex aula vtroque flexo poplite orare Deum. Sterquilinium !	*Ie l'ay veu, & auec douleur. Il a creu sans doute qu'il estoit honteux à vn Courtisan de prier Dieu à deux geneux. O l'infame.*
Experiri non est longum : tange infimū lebetem feruenti aquâ plenum.	*L'experience est facile à faire, touchez le dessous d'vn chauderon plein a'eau boüillante.*
Per auia, & densos vepres ducet te.	*Il vous conduira par des chemins esgarés & pleins de broüssailles.*
Scio vbi nidus carrucæ in veprecula, quod nemo illorum nouit.	*Ie sçay où il y a vn nid de fauuette dans vn buisson. Pas vn Docteur ne le sçait.*
Ille dies qui tibi est tristissimus, mihi est lætissimus.	*Ce iour-là vous atriste, & au contraire il me resiouït.*
Sequor & assequor. Non clariùs lucet ista dies.	*Ie vous escoute, & conçoi fort bien ce que vous dites, il n'y a rien plus clair.*
Persoluis æs alienum meum ! meritò te amo.	*Quoy? vous payez ainsi mes debtes, certes i'ay bien raison de vous aimer, comme ie fai.*
Quidni? vomis tuus est calamus, manus aratrum, versus sulci : omnia paria.	*Pourquoy non ? la main est comme la charuë, la plume comme le soc, les lignes sont les sillons, tout se rapporte.*
Parisios. In mari magni pisces.	*A Paris. Dans la mer sont les gros poissons.*
Sic solent noui axes.	*Les aissieux neufs en font de mesme.*
Non arctiùs dormiūt glires somniculosi.	*I'ay dormy comme vn lirau.*
Ad cœlum callis est angustus, non capit quadrigas.	*Le chemin de Paradis est fort estroit, les carosses ny peuuent passer.*

F

Vermis, vermis, hic.
ver.

Voyez vn peu ce ieune homme comme il braue & piaffe.

Semissis, semissis, hic.
deux liards. vn demy as, les autres composés d'as, sont aussi masc.

Quel escolier est-ce ? fait-il bien ?

Anguis, anguis, hic.
serpent.

Nostre laquais me demandoit si ie voulois aller au cabaret.

Orbis, orbis, hic.
cercle, rond.

Il a souuent le foüet.

Torquis, torquis, hic.
collier.

Que de bagatelles aux habits de ces femmes qui ne seruent de rien !

Vectis, vectis, hic.
leuier.

Cette pierre nous empesche, il la faudroit mettre ailleurs.

Postis, postis, hic.
posteau.

Vous frappez à la porte en maistre, ne sçauriez-vous auoir vn petit de patience ?

Sanguis, sanguinis, hic.
sang.

C'est assez disputer, remettons la partie à vne autre fois.

Fascis, fascis, hic.
fagot.

Nostre maistre a dit qu'il y auoit quelqu'vn escrit sur ses papiers.

Fustis, fustis, hic.
baston.

La chose parle d'elle mesme, ie la luy fais voir à l'œil, & toucher au doigt, & neantmoins il me nie tout.

Mensis, mensis, hic.
mois.

Demain c'est le premier iour du mois.

Collis, collis, hic.
tertre.

I'ayme l'air des champs passionnément, c'est là mon element.

Vermiculus terræ filius ita tumet? | Faut-il qu'vn ver de terre] fasse ainsi le braue?

Semissis scholasticus. Rides ? nollem vnico semisse emptum. | C'est vn escolier de neant. Vous en riez, s'il estoit à vendre, ie n'en donnerois pas deux liards.

Frigidus (ô pueri) fugite hinc, latet anguis in herba, (virgæ scilicet.) | N'approchez pas de ce lieu là enfans, il y a vn serpent musié sous l'herbe, (c'est à dire, les verges.)

Quis enim toto orbe terrarum illo nequior ? | Ce n'est pas merueille. Il n'y a garçon en tout l'Vniuers plus meschant qu'il est.

Has bullas, hos torques gemmeos, non ornamenta, sed impedimenta puto. | Ces pendants d'oreilles, ces colliers de perles, sont à mon aduis vn empeschement plustost qu'vn ornement.

Vecte aliquo igitur opus esset ad moliendum tantum lapidem. | Il faudroit donc vn leuier pour remuer vne si grosse pierre.

Vbi eras ? ianitor debet stare ad ianuam vt postis fixus & immotus. | Où estiez-vous ? Vn portier doit toussiours estre prés de sa porte, comme vn posteau fixe & immobile.

Hauriendus aut dandus sanguis. | Il faut vaincre ou mourir, Point de quartier.

Hic fasciculus inscribitur tibi ipsi. | Mon amy ce pacquet s'addresse à vous mesme.

Istic fustes applicandi sunt, non rationes, Aristotele authore. | En ce cas il faut auoir recours aux bastons, & non pas aux raisons, dit Aristote.

Igitur nouo mense, noua omnia. | Commençons donc à bien faire auec le commencement du mois.

Ego quoque. Per colles eminulos rusticari, vitulari, voluptatem habet incredibilem. | Et moy aussi. Il y a grand plaisir à courir, & sauter comme cheureux sur ces collines.

Caulis, caulis, hîc: tige.	*Il a paſsé tout à trauers les quarreaux du iardin, ie le diray.*
Follis, follis, hic. ballon, ſoufflet.	*Pourquoy ne voulez-vous pas qu'on toüe voſtre fils ?*
Caſſis, caſſis, hic. rets, filets.	*I'ay vne fort bonne queſtion, mon aduerſaire y ſera pris.*
Torris, torris, hic. tiſon bruſlé.	*Se couper la gorge ainſi pour vn mot qui n'eſt que du vent !*
Sentis, ſentis, hic. eſpines, ſentes au plur. eſt plus vſité,	*I'ay appris que les mouches de claſſe vous auoient picqué. Eſt-il vray ?*
Pollis, póllinis, hic. fleur de farine, ou folle farine.	*Vous me demandez où nous mangerons nos petits paſtés? Chez le Patiſsier.*
Enſis, enſis, hic. eſpée.	*Ie n'ay point de liures pour eſtudier, mes liures ſont au logis.*
Delphis, delphínis, hic. Dauphin, poiſſon.	*Ie luy monſtre comme il faut eſcrire.*
Cúcumis, is, ou, eris, hic. comcombre.	*I'ayme bien les comcombres au potage.*
Lapis, lápidis, hic. vne pierre.	*Ie vay m'aſſeoir ſur l'eſcallier.*
Vnguis, vnguis, hic. ongle.	*I'ay vn ſol qui ne vaut rien, mais ie le feray bien paſſer, On paſſe bien des pois.*
Aquális, aquális, hic: aiguiere.	*Ie vous prie de me donner cette aiguiere.*

Cauliculos

Cauliculos aliquos forsan contriuit.
Nouum crimen !

Il a possible marché sur quelques pieds d'herbe. Voila vn grand crime.

Follis vacuus facilè ventum concipit, facilè item elatos spiritus inanis animus.

Vn ballon vuide se remplit bien-tost de vent, vn esprit vain s'enfle facilement d'orgueil.

Enimuero. Incidet in casses præda petita tuos.

Sans doute l'oyseau donnera dans vos filets.

Cupiditas vindictæ, quasi torris stygius hunc accendit furorem.

Le desir de vengeance, comme vn tison d'enfer allume cette rage dans l'esprit des hommes.

Sensi classicos sentes, fateor. Scholasticus sum, scholastici à me nihil alienum puto.

I'ay senty les espines de College, mais que voulez-vous, ie suis escolier, ie ne m'estime pas de meilleure condition que les autres.

Vbi pollis multus contaminat vestem & côtagio quædam animũ? Non faciam.

Quoy en vn lieu ou ce n'est que farine, qui gaste les habits, & où il y a vne certaine contagion qui infecte mesme l'esprit ? Ie vous baise les mains.

Habere debes semper in pera libellum, vt miles accinctum ensem.

Vous deuez tousiours porter vn petit liure dans vostre pochette, comme le soldat son épée.

Ipsum Delphinem natare doces?

Vous enseignez les poissons à nager.

Meo verò facit palato cucumis in acetario probè maceratus.

I'aime bien les concombres en sallade quand elles sont bien mortifiées, & confites dans le vinaigre.

Lapis sedebit supra alterum lapidem.

Vne pierre s'asseoira sur vne autre pierre.

Quid ais scelus ? A recta conscientiâ, ne latum quidem vnguem discedendum in omni vita.

Que dites vous meschant que vous estes ? il ne faut pas faire la moindre chose du monde contre la droite conscience.

Aqualis est aquâ vacuus.

Il n'y a point d'eau dans l'aiguiere.

G

Aprilis , aprilis , hic, Auril.	Il fait trop froid pour eſtudier. Au mois d'Auril nous eſtudierons brauement.
Puluis , púlueris , hic, pouſſiere,	O qu'il dit bien. Et que ie voudrois auoir quelque peu de ſon eloquence.
Finis , finis , hic, la fin,	Vous n'auez que faire de m'importuner dauantage , ie n'en feray rien.
Finis, finis , hic, la fin,	Vous preparez deſia vos liurès pour vous en aller !
Clunis , clunis , hic, le derriere.	Il en a eſté bien chaſtié.
Clunis , clunis , hic, le derriere.	Vous eſtes vn pareſſeux. I'ay peur qu'on ne vous faſſe mettre tantoſt les chauſſes bas.
Canális , canális , hic, vn canal.	Ie voudrois bien eſtre diligent , mais ie me laiſſe aller , quel remede ?
Canális , canális , hæc, vn canal,	Pourquoy eſt-ce qu'il eſt bon d'eſtudier debout ?
Grex , gregis , hic, troupeau,	Vous auez mieux reſpondu que ie ne penſois.
Calx , calcis , hic, talon , la fin,	Voſtre compagnon ne s'eſt-il point amusé en eſtudiant ?
Calx , calcis , hæc. talon, la fin , calx , chaux eſt fem,	Quel ſuiet auez vous de vous faſcher ie vous prie ?
Dens , dentis , hic, vne dent,	Vous auez mal aux dents. Et bien il faut auoir patience.

Vereor ne tuus Aprilis conglaciet.

Ie crains fort qu'il ne gele encor à glace en vostre mois d'Auril, du froid de paresse.

Sine vllo puluere ac sudore ? haud stultè sapis.

Quoy sans suer ny trauailler, certes vous n'auez pas mauuaise raison.

Nullum faciam finem orandi, donec impetrem.

Ie ne cesseray de vous prier, iusqu'à ce que vous m'ayez accordé la grace que ie vous demande.

Optata finis classium appetit.

La fin des classes tant souhaittée approche.

Certè. At non respondit medicina, miseræ nates adhuc periclitantur.

Il est vray. Toutesfois la medecine n'a pas operé, Il y a encor à craindre pour son derriere.

Medice, cura teipsum , & tuos clunes serua ipse incolumes.

Medecin guerissez-vous vous mesme, & pensez à vous sauuer du danger.

Implora opem diuorum, sunt certi canales diuinæ gratiæ.

Priez les Saincts , qui sont les vrais canaux, par lesquels Dieu nous verse ses graces.

Quia rectà ad perpendiculum desidunt humores & per destinatas canales labuntur.

Parce que la posture droite fait tomber les humeurs à plomb. & per les canaux qui leur sont destinés.

Quis videor ? De grege classico , vnum aliquem fortasse me putas !

Pour qui me prenez-vous ? Pensez-vous que ie sois vn escolier du commun.

Calcem crebrò prospectat . & ad eum properat.

Il regarde souuent le bout de la carriere , il croit qu'il n'y sera iamais essez tost.

Ab ipsa calce reuocamur ad carceres tua interpellatione.

Vous ne cessez de m'interrompre, & puis il nous faut recommencer de nouueau.

Nihil dictu facilius. Tu si hîc sis, si tui dentes itidem tibi dolerét, aliter sentias.

Vous en parlez bien à vostre aise, si vous estiez en ma place, & si vous auiez aussi mal aux dents comme moy, vous ne diriez pas cela.

Mons, montis, hic,
montagne.

Rudens, rudéntis, hic,
cable, grosse corde.

Fons, fontis, hic,
fontaine.

Pons, pontis, hic,
vn pont.

Chalybs, chálybis, hic,
acier.

Quadrans, ántis, hic.
vn liard. Les autres parties d'as
sont aussi masc. triens, &c,

Serpens, serpéntis, hæc,
serpent.

Serpens, serpéntis, hic,
serpent,

Adeps, ádipis, hic,
graisse,

Adeps, ádipis, hæc,
graisse.

Scrobs, scrobis, hic,
fosse.

Scrobs, scrobis, hæc,
fosse

Faites-luy cette grace, il promet de mieux estudier, & de faire merueilles.

Nous nous sommes vn peu eschauffez l'vn contre l'autre, mais pardon ie vous prie, que cela n'altere point nostre amitié.

Expliquez moy vn peu cela ie vous prie, ie ne l'entends pas.

Par ou faut-il aller?

Ne m'importunez pas dauantage, ie n'en feray rien.

Qu'est ce? le gousset est il bien fourny!

Vous dites que i'ay de la meschanceté dans la teste, & bien soit.

Les hommes sont extremement cruels de se massacrer ainsi.

Preparez-vous, ie veux tantost disputer contre vous, & gaigner vostre place.

Il est maigre comme vn soret, il ne vaut pas trois oboles.

A quel ieu voulez-vous iouer?

Vous dites que ces petits vilageois sont fins pour attraper des oyseaux, que font-ils?

Montes

Montes aureos polliceri solet.	*Il promet monts & merueilles, mais il ne tient rien.*
Rudentes nauticos frangere poteſt tempeſtas, at amicitiæ noſtræ vincula nulla calamitas.	*La tempeſte peut bien briſer les gros cables de nauires, mais nulle diſgrace ne ſçauroit rompre le nœud de noſtre amitié.*
Imperator claſſis hoc ignorat? fontes ipſi vt video iam ſitiunt.	*Comment? vn Empereur ignore cela, à ce que ie vois les foutaines ont ſoif.*
Traiiciendus tibi pons.	*Il vous faut paſſer le pont.*
Durus chalybs, ſed tu durior.	*L'acier eſt bien dur: mais vous eſtes encor plus dur.*
Habeo pauculos quadrantes ac nũmulos. In vita nihil grauius vacuâ crumenâ.	*I'ay deux ou trois liars, & quelques autres pieces, il en faut touſiours auoir vn peu pour paſſer le bateau.*
O puer puer! ſerpentem alis quæ te mordebit.	*Petit garſon! vous nourriſſez vn ſerpent qui vous mordera quelque iour.*
Homo homini dirus ſerpens, & immanis quædam fera.	*L'homme eſt à l'homme vn furieux ſerpent, & vne beſte cruelle & horrible.*
Enimuero tuus adeps eſt valdē mihi pertimeſcendus!	*Vrayment voire, veſtre graiſſe m'eſtonne fort!*
Homo non cenſendus eſt multâ adipe, ſed multâ mente.	*On ne priſe pas vn homme pour auoir beaucoup de graiſſe, mais pour auoir beaucoup de ſens.*
Pilâ iaciendâ in ſcrobiculos.	*Ioüons à la foſſette auec vne bale.*
Eſt pons funiculo ductilis, ſcrobs ſubiecta, eſca parata: auis inuolat, dum capit capitur.	*Il y a vn petit pontleuis, ſous lequel il y a vne foſſe, & l'appaſt tout preſt, l'oyſeau y vole, penſant prendre, il eſt pris.*

H

NOMS EXCEPTEZ

Sol, solis, hic, *Le Soleil.*	*Donnez-vous vn peu de patience, i'auray bien-tost fait.*
Halec, halécis, hæc. *haran,* Halex est plus en vsage.	*On ne sçait que manger en Caresme.*
Sal, salis, hoc, *du sel.*	*Que vous plaist-il?*
Sal, salis, hic, *du sel.*	*Son pere ne le chastie point, ce n'est pas de merueille s'il se gaste & corrompt.*
Turtur, túrturis, hic, *tourterelle.*	*Ie suis rauy quand il arriue que ie suis auec vous; estes-vous bien aise aussi d'estre auec moy?*
Vultur, vúlturis, hic, *vautour,*	*Il est bien malade, que deuiendront les gros & gras benefices qu'il a?*
Furfur, fúrfuris, hic, *du son.*	*Il est bon mesme pour la santé de se peigner le matin.*
Pecten, péctinis, hic, *peigne,*	*I'ay veu vn fanfaron qui se peignoit dans l'Eglise, ô l'impudent.*
Lien, liénis, hic, *rate,*	*I'ayme bien à rire.*
Ren, renis, hic, *rein,*	*Pourquoy ne voulez-vous pas que ie prenne du sel?*

DE LA 4. REGLE.

Sol iste te admonet vt matures, nox obrépit.	*Le Soleil que vous voyez, vous doit faire haster, car la nuict viendra bien tost.*
Halex probè tosta non certè est repudianda.	*Vn haran rosti n'est pas mauuais.*
Affer sal, qui mensam struxit parum vidit.	*Apportez du sel, celuy qui a mis la nappe, n'a pas pris garde si rien ne manquoit.*
Rem acu tetigisti : nam quod sal carni, id castigatio est puero.	*Vous auez touché le point : Car ce que le sel fait à la chair, la correction le fait aux enfans.*
Oh! dubiúmne id est? tu meus turtur, meus passerculus, meæ deliciæ.	*En doutez vous ? & vous estes ma tourterelle, mon petit passereau, & tout ce que i'ayme de plus.*
Vultures auidi iam (vt fit) obsident illum inhiàntque prædæ.	*Des vautours sont à present autour de luy (sans doute) beans apres la proye.*
Legi : furfures qui meatus obstruunt abradùntur.	*Ie l'ay leu : cela emporte la crasse qui bouche les pores.*
Ain tu! In Ecclesia vel pectinem proferre suum! Istos huius non facio. *	*Est il vray ? comment monstrer seulement son peigne dans l'Eglise ? Ie ne fais non plus de cas de ces gens la que d'vn clou à soufflet.*
Ego quoque. Risus lienem nostrum diffundit & animum, mœror contrahit.	*Et moy aussi. Rire fait espanoüir la ratte & l'esprit, la tristesse les reserre.*
Infestabunt calculi tuos renes, nisi caueas.	*Si vous n'y prenez garde, il se formera quelque pierre dans vos reins qui vous donnera de l'exercice.*

** Il faut monstrer quelque chose de neât*

Grus, gruis, hæc, gruë.	*Pierre fait vne triste mine. Ie ne sçay pour-quoy.*
Sus, suis, hæc, truye.	*Il n'a pas le soin de balayer son estude, il y faict si sale.*
Sus, suis, hic, truye.	*On ne le sçauroit faire estudier.*
Virtus, virtútis, hæc, la vertu.	*Ie ne merite aucune loüange, Il n'y a pas vn escolier qui ne vaille mieux que moy.*
Tellus, tellúris, hæc, la terre.	*La science des hommes est bien peu de chose.*
Salus, salútis, hæc, salut, santé.	*Il n'a point d'autre maistre que sa cupidité, d'autres compagnons que des fripons, iugez de la.*
Palus, palúdis, hæc, marais.	*Ie trouue nostre maison des champs fort agreable.*
Pecus, pécudis, hæc, beste.	*Vn meschant escolier est capable de gaster tous les autres.*
Senéctus, senectútis, hæc, vieillesse.	*Vostre pere semble malade, qu'a-t'il?*
Iuuéntus, útis, hæc, ieunesse.	*Il trousse les verres de vin, & sans y mettre de l'eau.*
Séruitus, útis, hæc, seruitude.	*Il n'est pas maistre de soy, & ne peut dompter ses cupiditez.*
Iucus, iucúdis, hæc, iucúme.	*Prenez Pierre, & rebatez encor les genres auec luy.*

Iussus

Iuſſus eſt agere gruem miſeram , hoc malè habet virum.	*On luy a commandé de faire la miſerable gruë , cela le faſche.*
Pigritia delectatur ſordibus, vt amica luto ſus.	*La pareſſe ſe plaiſt dans l'ordure, comme le porc dans la fange.*
Odit libros ? paſcat igitur ſues immundos.	*Puis qu'il ne veut point eſtudier il le faut ennoyer garder les cochons.*
Tua modeſtia, vt roſa, bene olet. Macte iſtâ virtute.	*Voſtre modeſtie ſent bon comme la roſe; courage, continuez.*
Vel ex hoc intelligi poteſt, quòd, an ipſa tellus moueatur an cœlum, ambigunt.	*On le peut voir de là, en ce qu'ils ſont en doute ſi c'eſt le Ciel ou la terre qui ſe meut.*
Ipſa ſi cupiat ſalus ſeruare hunc puerum, non poteſt.	*C'eſt vn enfant perdu ſans reſource.*
An quia in paludibus merſa eſt , quas ranæ ſuo cantu celebrant ?	*Eſt-ce parce qu'elle eſt ſituée dans les marais , où les grenoüilles font entendre leur beau ramage?*
Morbida ſola pecus inficit omne pecus.	*Il ne faut qu'vne brebis galeuſe pour gaſter tout le troupeau,*
Rogas ? ſenectus ipſa eſt morbus.	*Ne ſçauez-vous pas que la vieilleſſe eſt vne eſpece de maladie.*
Serò ſapiet. Iuuentus vino dedita effœtum corpus tradit ſenectuti.	*Il le ſentira vn iour. Les ieunes gens qui aiment le vin ſont ſuiets à mille incommoditez en leur vieilleſſe.*
Qui ſuis paret libidinibus , miſeram ſeruit ſeruitutem.	*Celuy qui obeït à ſes volontez, ſert vn bien mauuais maiſtre, & porte vn peſant ioug.*
Iamdudum hanc incúdem tundimus.	*Il y a long-temps que nous ne faiſons autre choſe.*

I

Lepus, léporis, hic;
lievre.

Tripus, tripodis, hic;
trepied.

Mus, muris, hic;
souris.

Laus, laudis, hæc;
loüange.

Fraus, fraudis, hæc;
tromperie.

NOMS EXCEPTEZ

Il a le petit mot pour rire, cela fait qu'on l'aime dans les bonnes compagnies.

Quant à moy ie blasme tous ceux qui parlent peu.

Dans trois iours ie veux sçauoir tout ce liure là.

Pendant que les autres ioüeront, i'estudieray.

Vous trichez

FIN

Dum captat lepóres, captat & lépores.

Auec son humeur agreable, il attrape souuent de bons morceaux.

Verba fundit Sapientia, & oracula è suo tripode nouus Apollo.

Escoutons parler la sagesse, c'est vn ieune Apollon qui assis sur son trepied prononce des oracles.

Parturiunt montes, nascetur ridiculus mus.

Ce sont les montagnes qui enfantent, & quoy? vne souris.

Id erit tibi maximæ laudi, sed vnde te incessit hæc noua diligentia?

Vous en serez grandement loüé, mais d'où vous vient cette diligence extraordinaire?

Fraudem facio! quam? nolo cuiquam esse iniurius.

Ie triche!En quoy? Ie ne veux faire tort à personne.

FIN.